n'est pas de Ponderille

SENTIMENS VÉRITABLES

DU MINISTRE

SCHWARTZ.

SENTIMENS VÉRITABLES

DU MINISTRE

SCHWARTZ,

Sur quelques endroits d'une brochure sur l'esclavage des Negres, qu'on lui a fauffement attribuée.

Le plus haut degré de bonheur confifte dans le plus haut degré de charité. *Pope.*

A NEUFCHATEL,

Et fe trouve à PARIS,

Chez GUILLOT, Libraire de MONSIEUR, rue S. Jacques, vis-à-vis celle des Mathurins.

M. DCC. LXXXXIX.

SENTIMENS VÉRITABLES
DU MINISTRE
SCHWARTZ,

Sur quelques endroits d'une brochure sur l'esclavage des Negres, qu'on lui a faussement attribuée.

Le plus haut degré de bonheur consiste dans le plus haut degré de charité.   *Pope.*

JE n'ai jamais pu concilier avec l'amour de la vérité l'omission du nom de l'Auteur à la tête d'un livre. Un Philosophe ne peut avoir d'autre motif pour écrire, qu'un désir ardent d'éclairer les hommes, de contribuer à leur bonheur; & lorsqu'il croit avoir à proposer à la société quelques idées dignes de son attention, pourquoi se cacher? pourquoi taire son nom? Si un nom illustre peut donner du poids à un livre, & imprimer ce qu'il contient plus profondément dans l'esprit des Lecteurs, n'a-t-on pas à se reprocher, en gardant l'incognito, d'affoiblir volontairement

A

l'efficacité des vérités qu'on veut faire connoître ? Dans la guerre la seule juste, celle
que les sages font aux erreurs, pourquoi ne
pas imiter les grands Généraux, qui font
précéder leurs armées de leur réputation,
laquelle souvent contribue plus à la défaite
des ennemis que tout l'attirail de leurs armes
meurtrières ? Osera-t-on m'opposer ici des
considérations particulières, la crainte de dé-
plaire à un Corps dont on est membre, d'être
blâmé par ceux qui sont intéressés à ce que
l'erreur ne soit point détruite, de perdre ses
places, sa fortune, & même d'être forcé peut-
être de chercher une autre patrie ? Si ces in-
dignes craintes vous tourmentent, pourquoi
écrivez-vous ? Est-ce donc ainsi que vous
aimez la vérité ? quoi, vous ne feriez pour
elle aucun sacrifice ! vous n'y croyez donc
pas ! vous ne la regardez donc pas comme
le souverain bien ! vous aimez donc mieux
votre repos, un carosse, des rentes & des
meubles dorés ! Eh, comment prétendez-vous
persuader aux autres ce que vous ne croyez
pas vous-même digne du moindre sacrifice ?
Comment voulez-vous que les nations, en
adoptant vos idées, bouleversent les usages
reçus, les préjugés, les propriétés, si vous-
même craignez de changer de domicile pour

foutenir votre doctrine? Que fera-ce lorfque non
content d'une réticence coupable, on ufurpera
des noms étrangers, ou lorfqu'on attribuera à
un Corps entier des maximes entièrement op-
pofées à celles qu'il profeffe? N'eft-ce pas mentir
publiquement ? n'eft-ce pas une calomnie que
d'attribuer à quelqu'un des principes qu'il rou-
giroit d'avouer ? *n'eft-ce pas un vol* que de
détruire la réputation de qui que ce foit ? &
ce vol eft-il moins affreux que celui dont on
ofe accufer tous ceux qui ont des efclaves?

C'eft cependant ce que vient de faire l'Auteur des *Réflexions fur l'efclavage des Negres*,
en attribuant à un Miniftre Evangélique, des
principes qui font ouvertement oppofés à la
morale douce, aimable & fublime contenue
dans l'Evangile ; il offenfe, il calomnie un
Corps refpectable. Il eft donc jufte, il eft
important de détromper le Public fur des
maximes d'autant plus dangereufes, fi on pouvoit les croire profeffées par ceux mêmes qui
font chargés par les Gouvernemens du dépôt
facré des vérités & de la pureté de la morale.
Allons au fait.

L'Auteur commence par cette fentence :
*Réduire un homme à l'efclavage, l'acheter, le
vendre, le retenir dans la fervitude, ce font de
véritables crimes, & des crimes pires que le vol.*

Je ne crois pas que l'esclavage tel qu'il existe aujourd'hui pour les Negres, ni aucune domination absolue, arbitraire & sans bornes, puissent être jamais approuvés par la saine raison. Tous les hommes naissent également libres & indépendans, tous sont l'ouvrage d'une intelligence suprême, & comme tels, objets de sa divine bonté; chacun forme un tout indépendant des autres, & le même droit que j'ai de m'opposer aux atteintes qu'on voudroit porter à ma liberté, les autres l'ont aussi. Nous n'avons d'*action juste* sur les autres que par le bien qu'ils nous permettent de leur faire, ou par le mal qu'ils nous font, en repoussant ce même mal.

Il est évident que ce n'est pas le desir de rendre les hommes heureux qui a pu établir l'esclavage: mais lorsqu'un homme vient m'attaquer, lorsqu'en lui opposant une juste défense, je le terrasse en lui appuyant le fer sur la gorge; si alors cet homme me prie de lui laisser la vie, & que pour cela il s'engage à me servir à perpétuité; cet homme ne m'appartient-il pas par les loix de la justice même? Je pouvois lui ôter la vie par le juste droit de défendre la mienne, je la lui conserve; pouvoit-il acheter trop cher un si grand bien? il m'auroit tué s'il avoit été le plus fort, ou

(5)

j'aurois été son esclave. Ainsi la chance étoit égale de part & d'autre, puisqu'on étoit convenu de remettre la décision des différens à la force ou au sort des armes; voilà donc un pacte, une convention fondée sur le consentement exprès ou tacite des deux parties (a). *Il n'y a donc là ni crime ni vol.*

La force, dit-on, *ne peut établir aucun droit.* Mais jusqu'à présent l'origine des empires, la distribution des propriétés, leur maintien, tout est fondé sur la force ; je la vois regner par-tout dans l'édifice social, & le citoyen qui seroit tenté d'en troubler l'ordre, trouveroit dans les forces réunies de ses associés, une

____

(a) Servi naturâ quidem, id est, citra factum humanum aut primævo naturæ statu hominum nulli sunt, quo sensu recte accipi potest quod à Jurisconsultis dictum est, contra naturam esse hanc servitutem ut tamen facto hominis, id est, pactione, aut delicto servitus originem acciperet, justitiæ naturali non repugnat... Hæc jura non aliam ob causam introducta sunt quàm ut tot commodis deliniti captores libenter abstinerent à summo illo rigore, quo captos & statim & post moram interficere poterant..
Non frustra autem à gentibus hæc introducta jura exemplo bellorum civilium intelligi potest, in quibus plerumque videmus captos interfectos quia in servitutem redigi non poterant. *Grotius de Jure belli ac pacis, Cap. 7, Lib. 3.*

réfiftance falutaire à fes pernicieux deffeins. Les loix, les traités, les ordonnances, les pacifications, les fentences des Juges font l'ouvrage de la force (*a*) ; c'eft elle qui foumet les enfans à la volonté de leurs parens, les écoliers à leurs maîtres, les foibles aux puiffans, les ignorans aux favans ; l'empire de la force eft univerfel ; la reconnoiffance foumet les cœurs par la douceur, & nous réduifons par la force ceux qui veulent nous nuire.

Si la force ne pouvoit fonder aucun droit (*b*),

(*a*) On fent bien que je ne parle pas ici feulement de la force matérielle & coactive ; j'entends par force, toute fupériorité, tant au phyfique qu'au moral.

(*b*) On entend par droit une obligation morale fondée fur les maximes fondamentales de la juftice éternelle, qui font la volonté de Dieu même. En foutenant que la force peut établir le droit, le Lecteur fans doute ne s'imaginera pas que mon intention foit de juftifier l'injuftice & la violence ; il n'en inférera pas non plus qu'il faille n'oppofer qu'une réfiftance paffive aux attaques réitérées d'un ennemi. La raifon ne condamne point une jufte défenfe ; mais dès que la paix eft faite, dès qu'on eft convenu de ceffer les hoftilités à telles conditions qu'il a plu au vainqueur d'impofer ; ces conditions deviennent facrées & inviolables, elles doivent être remplies fcrupuleufement, quelque dures & onéreufes qu'elles puiffent paroître, rien ne peut en exempter ; & c'eft dans ce fens que nous foutenons que même la force matérielle peut établir ce droit, une obligation morale.

ne s'en fuivroit il pas que dès que je pourrois
me délivrer de la crainte d'une violente réac-
tion, je ferois fondé à rompre tous les traités,
à tranfgreffer les loix, à violer ma parole,
à envahir la propriété de mon voifin pour
augmenter la mienne ? N'eft-ce pas en fuivant
ces funeftes principes, que le monde eft fans
ceffe ravagé par des guerres affreufes (a) ?
Suppofons un inftant que cette fauvage doctrine fût généralement fuivie dans la pratique;
ne verrions - nous, pas auffi - tôt le défordre,
l'anarchie & la violence regner à la place de
l'ordre & de la paix ? Les fujets fe révolteroient
contre leurs Souverains, les pauvres dépouil-
leroient les riches de leurs poffeffions, les valets réduiroient en efclavage leurs maîtres, les
plaideurs anéantiroient les fentences de leurs
Juges du moment qu'ils croiroient pouvoir le
faire impunément; ce feroit bien alors le
véritable règne de la force ou plutôt de la
violence : *Bellum omnium contra omnes.* Les
hommes feroient livrés à des craintes, des

(a) On ofe cependant rarement avouer ces principes
publiquement ; lifez les manifeftes des Princes les plus
injuftes ; ils tâchent de donner à leurs prétentions une
apparence de juftice ; ils y reclament la foi des traités
comme la bafe inébranlable de la félicité humaine.

agitations, des maux, des pleurs, des supplices qui ne finiroient qu'avec l'espèce même.

L'homme sans doute doit se gouverner par la raison, par les sentimens de justice & de bienveillance que la nature a gravés dans son ame. La violence, la guerre sont la Jurisprudence des bêtes féroces armées de griffes & de dents pour mordre & déchirer. Puisque la vue du sang nous révolte, puisque nous trouvons un plaisir délicieux à soulager les maux d'autrui, nous sommes donc créés pour aimer & non pour nous tourmenter. Les armes meurtrières ne conviennent point à des mains faites pour cultiver les sciences, les arts aimables, & pour essuyer les larmes des malheureux.

Si jusqu'à présent les hommes, la plupart ignorans & conduits par leurs passions brutales, ont mieux aimé décider leurs affaires à la manière des bêtes, prétend-on les rendre meilleurs en les dégageant de la fidélité des traités, en leur permettant de corriger la force par la force (*a*)?

____

(*a*) Il y a des règles indépendantes qui établissent le juste & l'injuste. Condamner une injustice, & se croire autorisé à la payer par une autre, qu'est-ce autre chose que répandre une corruption générale ? S'il n'y a pas un

Nous ne pourrons jamais aspirer à un bonheur solide & durable qu'en pratiquant les saintes loix de la justice, elle repose sur la fidélité des traités, sur la bonne foi, sur la loyauté; la confiance, la douce paix sont ses aimables compagnes (a). Mais les principes de la justice auroient été vagues & incertains si on en avoit laissé l'application au jugement de chacun; il étoit donc nécessaire de les rendre immuables par la volonté souveraine d'un Législateur; *être juste, c'est obéir aux loix*; & il importe moins que les loix existantes soient les meilleures possibles, qu'il importe que

---

point où quelqu'un s'arrête après s'être fait beaucoup de mal tour-à tour, c'en est fait nécessairement de la vertu. Pourquoi ne seroit-ce pas moi, doit penser une belle ame, qui m'arrêterai la première à cette borne?

Richardson.

(a) La seule chose qu'il importe essentiellement, c'est d'être juste.

Qu'on soit juste, il suffit, le reste est arbitraire. *Volt.*

L'homme supporte avec courage les rigueurs du sort, la perte des biens, de la santé; on l'a vu même conserver la tranquillité & rire au milieu des tourmens; mais jamais les faveurs réunies de la fortune n'ont pu calmer une ame déchirée par les remords, ces furies vengeresses le poursuivent par-tout, & les ténèbres de la nuit ne sauroient le dérober à leurs affreuses morsures.

celles qui exiſtent ſoient ponctuellement obſervées; ſans une entière obéiſſance aux loix, il n'y a plus que trouble & que malheur.

Un acte de déſobéiſſance, quelque bien apparent qu'il paroiſſe promettre pour l'inſtant, deviendroit bientôt un exemple funeſte qui, en autoriſant des actions injuſtes, ameneroit la ruine de la ſociété. Il n'eſt pas permis de commettre un mal dans l'eſpérance du bien qui peut en réſulter. Obéir aux loix, c'eſt aimer les hommes, c'eſt contribuer, autant qu'il eſt en ſoi, aux vues du ſouverain Etre & Créateur du monde, c'eſt procurer le plus grand nombre de convenances; c'eſt la manière la plus étendue, la plus certaine de faire du bien, c'eſt le moyen le plus ſûr d'être heureux.

S'il eſt donc de la plus grande importance de reſpecter les loix exiſtantes; ſi c'eſt le premier devoir du citoyen, comment oſe-t-on appeler des crimes ces mêmes loix? Comment oſe-t-on appeler criminels & ſcélérats, ceux qui ne font que s'y conformer?

L'Auteur croit-il impoſſible d'abolir l'eſclavage ſans jeter du mépris ſur ce que les hommes ont de plus reſpectable? Croit-il faire un grand bien en faiſant enviſager les loix comme des crimes publics? Et que di-

roit-il s'il prenoit envie à fes domeftiques,
en lifant fon livre, de réparer dans fa propre
maifon quelques-uns de ces crimes commis
en leurs perfonnes? car fi *l'efclavage eft un
crime pire que le vol*, fi c'eft une continuité
de violences & d'injuftices, pourquoi les efclaves ne fe révolteroient-ils pas contre leurs
maîtres ? Pourroit-on les blâmer d'employer
tous les moyens pour parvenir à ce but (*a*)?
Les peines qu'on voudroit leur infliger ne
feroient-elles pas des crimes nouveaux? Mais
en recouvrant leur liberté de cette manière,
ne feroit-ce pas prolonger le règne de la
violence? Seront-ils plus modérés que leurs
maîtres? N'étant point guidés par les principes
de la juftice, fauront-ils mettre des bornes à
leur domination? & ceux qu'ils auront foumis n'emploieront-ils pas à leur tour les
mêmes violences pour fortir d'efclavage?
Ainfi les guerres, les haines, les injuftices
feront éternifées parmi les hommes, & je ne
vois plus de fin à leur mifère. Je le répète,
cette manière d'éclairer les hommes me pa-

(*a*) Pour les encourager, il ne feroit peut-être pas
inutile de leur faire voir une repréfentation de Spartacus,
tragédie fage & philofophique, où l'on repréfente un
chef d'efclaves rebelles, comme un héros digne de l'admiration de tous les fiècles.

roît peu fage ; il eft étonnant que l'Auteur ait oublié de parler du feul moyen efficace pour abolir l'efclavage, la religion.

Sans les idées fublimes de Dieu, de la vertu, de l'immortalité de l'ame, que m'importe qu'un homme foit efclave ou libre ? quel intérêt puis-je prendre à un amas de pouffière qui végete pour un inftant & eft anéanti pour toujours ? La religion feule, en me donnant de hautes idées de la deftinée de l'homme, peut me faire regarder avec indignation l'aviliffement d'un homme réduit à l'efclavage ; elle feule, en me préfentant une perfpective immenfe de félicités, peut m'encourager à faire de nobles facrifices, & à refpecter dans mon efclave, le noble titre d'homme, de frère & de citoyen du monde.

Avant que d'abolir l'efclavage, il faudroit que chacun s'accoutumât à fe contenter du néceffaire, à fe fervir foi-même. Car, je le demande, les fonctions de nos valets font-elles moins aviliffantes que ne peuvent l'être celles des efclaves ? Tant qu'un petit nombre poffédera exclufivement les biens de la terre, il y aura néceffairement des efclaves ; les riches feront les maîtres des pauvres & les afferviront à toutes leurs fantaifies.

L'efclavage ne devient injufte que lorfque

les maîtres exercent des cruautés envers leurs esclaves, qu'ils les excèdent de fatigue ; mais lorsque l'étendue du pouvoir est restreinte par les loix sous des maîtres doux & humains, l'esclavage non-seulement n'est point un *crime pire que le vol*, mais il peut être juste, & comme tel, il doit jouir de la protection des loix.

Les anciens, dont l'esprit étoit moins subtil, mais plus solide que le nôtre, ne doutèrent point qu'un tel esclavage ne fût légitime. Et sans doute que l'Auteur regarde Epictète comme un esprit bien borné, d'avoir cru qu'il étoit de son devoir de rester fidèle à son maître. Je prierai encore l'Auteur d'observer que si cette maxime *que la force ne peut produire aucun droit*, devenoit générale, il seroit peut-être difficile de conserver cent mille livres de rente, un bel hôtel, des maisons de plaisance, des chevaux superbes pour se promener à travers une foule de misérables qui pourroient bien se lasser d'être si long-temps spectateurs imbécilles du luxe insolent des riches ; ne pourroient-ils pas citer son livre pour prouver qu'il est juste qu'ils jouissent à leur tour ?

PAGE 5. *On peut acquérir*, nous dit-il, *des droits sur la propriété future d'un autre homme,* mais jamais *fur fa perfonne* ; un homme peut avoir le droit d'en forcer un autre à travailler pour lui, mais non pas de le forcer à lui obéir.

J'avoue que je ne conçois pas cette diftinction, il me femble que ces deux chofes font inféparables ; fi j'ai des droits fur la propriété future d'un autre, fi je puis le forcer à travailler pour moi, il faut auffi de toute néceffité que je puiffe le forcer à m'obéir ; autrement, à quoi me ferviroit mon droit, il ne travailleroit donc pour moi qu'autant qu'il le voudroit bien, & il fe joueroit de mes prétentions.

Dans l'état focial, chacun ne commet-il pas le droit de commander en fouverain, & cette convention peut-elle exifter fans l'obligation d'obéir ? La fociété ne fubfifte que par la fubordination ; l'Auteur trouve donc la difcipline militaire une grande injuftice ! il croit donc injufte que des enfans obéiffent à leur père, les difciples à leur inftituteur ? Un tel amour de la liberté eft-il bien éclairé ? n'y auroit-il pas à craindre qu'il ne dégénérât en licence ?

PAGE 7. *L'efclavage des criminels légalement condamnés, n'eft pas même légitime.*

Cette affertion doit paroître bien extraordinaire dans la bouche d'un Miniſtre de la Religion. *Une condamnation légale qui n'eſt pas légitime !* Si le Légiſlateur ne peut pas condamner légitimement un criminel à l'eſclavage, il aura donc encore moins le droit de le condamner à la mort. Perſonne cependant ne niera que les peines de mort ne ſoient néceſſaires dans les cas où le coupable eſt incorrigible, & que ſon exiſtence ſeroit un danger perpétuel pour ſes aſſociés. Si l'homme, en devenant citoyen d'un état, peut conſentir à perdre la vie lorſqu'il manque à certaines conditions du pacte ſocial, comment ne pourroit-il pas auſſi renoncer à ſa liberté dans des cas moins graves ?

La liberté, diſent nos Sages, eſt un *bien* inaliénable, ſans elle l'homme ne ſauroit être heureux, elle eſt la ſource unique de tous les plaiſirs & de toutes les jouiſſances. Mais qu'entendent-ils par liberté ?

Eſope, Platon, Ariſtote, Epictète ont porté les chaînes de l'eſclavage ſans ceſſer un inſtant d'être libres, ils faiſoient conſiſter la véritable indépendance à mépriſer les faveurs ainſi que les diſgraces de la fortune, à exercer un empire abſolu ſur ſes paſſions, & à obéir en tout aux loix de la raiſon : *L'homme fortuné*, diſoient-ils, *eſt celui qui n'a pas beſoin de la fortune ; l'homme le plus puissant est celui qui commande à ses passions.*

D'où viennent les idées différentes de nos philosophes ? N'est-ce pas parce qu'ils ont confondu la liberté du corps avec cette véritable liberté de l'ame ? n'est-ce pas parce qu'ils ont avili l'homme, qu'ils ne voyent plus en lui qu'un amas d'atômes aveugles, & que le supposant uniquement conduit par l'intérêt personnel, ils placent le souverain bonheur dans les sensations physiques, dans les plaisirs du corps, comme plus faciles à obtenir, que ceux de l'ame qui présentent d'abord des difficultés, qui exigent des études, des efforts, des privations ? Pour eux, les idées d'ordre, de beau moral, de perfection sont sans attraits, ils les regardent comme des chimères & comme les rêves d'une imagination exaltée.

Leur prétendue liberté est toute corporelle, & n'est le plus souvent qu'une servitude d'autant plus enracinée, que l'habitude & l'erreur les y ont presque rendus insensibles ; semblables aux Compagnons d'Ulysse, ils se plaisent dans les étables de Circé sous la figure & avec les inclinations des plus vils animaux.

L'esclavage, le seul à craindre, est de servir l'ambition, l'avarice, la volupté ; le vice seul avilit ,

avilit, & on peut fous les chaînes conferver une ame royale; la vertu, femblable au foleil, anime, embellit tout, aucun lieu ne lui eft inacceffible, & dans l'obfcurité hideufe d'une prifon, l'innocence jouit par elle d'une joie célefte & d'un contentement inaltérable.

La diftinction que fait l'Auteur entre les travaux publics & l'efclavage, me paroît une pure fubtilité, c'eft un vain correctif qu'il a voulu ajouter à fa première propofition, dont il a fenti fans doute les inconvéniens. Qui m'affure que le directeur des travaux publics ne fera jamais colère, capricieux, cruel, injufte ? Ne fait-on pas que l'habitude rend ces fortes de gens durs & impitoyables, tandis que le propriétaire d'un efclave peut être humain & généreux, qu'il y eft de plus engagé par fon intérêt ? En admettant des loix qui mettent un frein à la cupidité & à la cruauté des maîtres, qui les forcent de foigner les efclaves dans leur vieilleffe, dans leurs maladies, qui leur défendent de les bleffer & de les mettre à mort de leur propre autorité ; qu'a donc l'efclavage de pire que la condition de nos journaliers & de nos laquais ?

Ils font libres, me dit-on. Eh ! c'eft juftement cette fatale liberté qui les expofe fi fouvent à périr de mifère, à mener une vie dou-

B

Ioureuſe par la cruelle perſpective d'un avenir
malheureux. Eſt-on libre lorſqu'on ne poſ-
sède rien que ſous le bon plaiſir des ſuperbes
maîtres de tous les biens de la terre? Eſt-on
libre lorſqu'on eſt forcé de travailler comme
une bête de ſomme, de ſouffrir le froid &
de ſe ſentir épuiſé dans une attitude pénible
par les chaleurs brûlantes de l'été, pour gagner un peu de pain qui ſouvent ne ſuffit pas
pour nourrir une triſte famille ? Quelle liberté
de craindre à tout moment de manquer du
néceſſaire en voyant les riches nager dans
l'abondance & dans les plaiſirs ! d'être exclus
des places, des honneurs, des diſtinctions, de
tout ce qui peut flatter la vanité des hommes,
& d'être réduit à deſirer la mort comme le
ſeul remède à tant de maux !

Quant à nos laquais, c'eſt bien pis encore;
d'abord nous les aviliſſons, nous les regardons du haut de notre grandeur comme des
êtres d'une eſpèce inférieure. Riſquer mille
fois ſa vie en s'élançant derrière ces chars
traînés par des chevaux fougueux, reſter de-
bout pendant des heures entières derrière un
maître gourmand, être les miniſtres de ſa ſale
gloutonnerie, entendre tout & paroître im-
paſſibles, être exclus des lieux publics, porter
ſur eux les marques viſibles de la ſervitude

pour satisfaire une puérile vanité, être inju=
riés, maltraités sans oser se plaindre : voilà
les nobles priviléges de ces êtres libres que
nous mettons avec tant d'emphase au-dessus
des esclaves.

Il y a plus, cette liberté leur devient fu-
neste. Ne faisant point comme les esclaves,
partie de la famille, on craint peu de les
corrompre, on s'inquiète moins de leurs
mœurs qu'on n'est jaloux de leur passive obéis-
sance ; on regarde communément les laquais
comme des étrangers devant lesquels on ne
sauroit être trop prudent, sur-tout depuis
qu'une police *sublime* en a fait des espions (*a*).

____

(*a*) Comment, en autorisant l'espionage, n'a-t-on
pas vu que le remède étoit mille fois pire que le mal
qu'on vouloit guérir ? Quoi, pour découvrir un voleur,
vous autorisez d'autres hommes à être menteurs, fourbes,
hypocrites, à se parjurer, à emprunter le masque sacré
de l'amitié, & quelquefois le langage de la religion ! vous
les accoutumez à se jouer de la vérité, à sacrifier la
noblesse & la délicatesse des sentimens à un sordide intérêt ! Pour savoir ce qu'un citoyen dans l'effusion de la fami-
liarité se permet de dire contre un homme en place, on
ne se fait pas scrupule d'introduire dans l'intérieur des
familles des traîtres gagés, d'anéantir la confiance, de
semer le soupçon, la tristesse ; la trahison a été de tous
temps en exécration, elle est abhorrée comme le plus vil,
le plus dangereux, le plus infâme, le plus incorrigible

Eux à leur tour ne peuvent s'attacher à des maîtres dont ils se voyent méprisés, qui les chaffent au plus léger caprice, ou qui les envoyent mourir à l'hôpital. Les efclaves jouiffent du moins de la douceur du mariage, leur fécondité fait la richeffe de la famille; au lieu que nos valets font prefque tous condamnés au célibat, & au milieu du luxe & du libertinage des maîtres, on veut encore qu'ils foient fages & continens.

Je préférerois donc l'efclavage foumis à l'infpection des Magiftrats, à la liberté imaginaire de nos pauvres, jufqu'à ce que l'on ait fait un nouveau partage des biens & qu'on ait trouvé des mefures pour empêcher leur

---

de tous les vices; nous ne fommes heureux, nous ne jouiffons de la fûreté, de la tranquillité qu'autant que nous pouvons nous perfuader que chacun fera jufte & loyal, & qu'il ne nous attaquera jamais ni par paroles, ni par des actions qu'en face & dans une fituation où nous puiffions nous défendre; ôtez-nous cette confiance, la fociété n'eft plus qu'un amas d'animaux malfaifans & craintifs prêts à dévorer ou à être dévorés. Celui qui fe laiffe corrompre, dit *Richardfon*, pour fe charger d'une baffeffe, peut pour quelqu'argent de plus, être acheté pour nuire à celui qui l'emploie, fur-tout lorfqu'on lui offre l'occafion de tirer un double avantage de fa perfidie.

trop grande inégalité, source unique de tous les maux qui accablent la société.

PAGE 9. *Quelle que soit*, dit l'Auteur, *l'origine de l'esclavage du père, les enfans naissent libres.*

Il paroît juste que les enfans des esclaves restent au pouvoir du maître jusqu'à un certain âge pour le dédommager des frais de l'éducation, des soins & du temps qu'ont exigés la grossesse & l'accouchement de la mère.

PAGE 9. L'Auteur continue, *supposons que l'ouvrier se soit engagé pour la vie : le droit réciproque entre lui & l'homme à qui il s'est engagé doit subsister comme pour une convention à temps. Si les loix veillent à l'exécution du traité, si elles règlent la peine qui sera imposée à celui qui viole la convention ; si les coups, les injures du maître sont punis par des peines ou pécuniaires ou corporelles (& pour que les loix soient justes, il faut que pour le même acte de violence, pour le même outrage, la peine soit aussi la même pour le maître & pour l'homme engagé), si les tribunaux annullent la convention dans le cas où le maître est convaincu, ou d'excéder de travail son domestique, son ouvrier engagé, ou de ne pas pourvoir à sa subsistance ; si lorsqu'après avoir profité du travail de sa jeunesse, son maître l'abandonne, la loi condamne ce maître à lui*

payer une penſion, alors cet homme n'eſt point
eſclave.

Cet homme, dites-vous, n'eſt point eſclave, & quelle idée avez-vous donc de l'eſclavage? faut-il qu'il ſoit abſolument entouré
d'inſtrumens de torture & de ſupplice?

Qu'eſt-ce qu'un eſclave? C'eſt un homme
dont les ſervices en tant qu'ils n'excèdent pas
ſes forces & qu'ils ne ſont contraires ni aux
loix ni aux bonnes mœurs, appartiennent
en propriété à un autre homme qu'on ap-
pelle ſon maître (a). Mais cette propriété dif-
fère autant de toutes les autres propriétés,
que l'homme eſt au-deſſus de tout ce qui
l'environne.

L'homme eſt un être intelligent, religieux,
ſocial; ſes actions, ſes intérêts ſont liés au
bien général de la ſociété, & jamais les droits
d'un particulier ne peuvent anéantir ceux qui

(a) Eſt autem ſervitus perfecta quæ perpetuas operas
debet pro alimentis & aliis quæ vitæ neceſſitas exigit;
quæ res ſi ita accipiatur in terminis naturalibus (ut Do-
mino non plus in ſervos liceat quàm naturalis æquitas
concedit), nihil habet in ſe nimiæ acerbitatis; nam perpetua iſta obligatio compenſatur perpetua illa alimentorum
certitudine quam ſæpe non habent qui diurnas operas
locant. *Grotius de Jure belli & pacis, Lib. 2, c. 5,
§. 27.*

l'attachent à fa noble efpèce, jamais il ne
peut cefler d'être homme. Il s'enfuit qu'en
devenant efclave, c'eft toujours fous la condition tacite qu'il fera traité avec humanité,
& qu'on ne violera jamais à fon égard les
loix de la juftice.

L'Auteur dit qu'un tel homme n'eft point
efclave ; comment appelle-t-il donc celui qui
ne peut difpofer ni de fon temps ni du fruit
de fon travail, & qui eft à perpétuité attaché aux intérêts de celui que le fort a fait
fon maître ? Je le répète, ni moi, ni tous
ceux qui ont le bonheur de connoître & de
profeffer la fainte morale de l'Evangile, n'ap-
prouvons en aucune manière l'efclavage, nous
le regardons comme contraire aux fentimens
de fraternité & d'amitié qui, du genre humain ne doivent faire qu'une feule famille.
Mais jufqu'à ce que les hommes foient éclai-
rés, jufqu'à ce qu'il foit permis à chacun de
jouir fans inquiétude des bienfaits de la nature, il y aura néceffairement des efclaves,
foit qu'ils en portent le titre ou non.

Détruire l'efclavage par la force, c'eft ar-
racher une branche d'un arbre dont les ra-
cines font en pleine vigueur. Ce n'eft qu'a-
lors que nous ferons delivrés du délire brutal
& exécrable de la guerre, & qu'une raifon

éclairée aura affoibli l'exceffive inégalité des biens, qu'on verra difparoître de deffus la terre, les injuftices, les vices, les crimes, & l'efclavage tombera comme un fruit pourri faute de nourriture.

Les heureufes révolutions, il eft vrai, ne peuvent, ne doivent être que l'ouvrage lent du temps & de la fageffe. Employer la force, c'eft abolir des abus par d'autres abus, c'eft fubftituer la violence à la violence, l'injuftice à l'injuftice, c'eft perpétuer, multiplier & autorifer les crimes & les ufurpations.

Les principes licencieux de beaucoup d'écrivains modernes feroient plus de maux à l'efpèce humaine fous le vain prétexte de liberté, que ne lui en ont fait jufqu'à préfent l'efclavage & les guerres. Au milieu de tant d'horreurs, les hommes rendoient intérieurement hommage à la juftice éternelle, ce feu facré, qui, de fa douce lumière, éclairera un jour tout le globe. Le refpect pour les loix, avoit quelque chofe de faint, & on ne pouvoit fe confoler de les avoir violées, que par des pénitences auftères; mais avec les principes de nos fages, tout ce qui n'eft pas licence eft efclavage : chacun fe regarde comme le centre de tous les intérêts, la fubordination paroît une fervitude, & la foumiffion ref-

pectueuse aux loix, le partage de la foibleffe;
à les entendre, le pouvoir le plus légitime
n’eft qu’une tyrannie, ils prétendent foumettre
à leur foible jugement les droits les plus inviolables. Tant de difcours imprudens & fa-
natiques ne leur font infpirés que par l’envie,
l’ambition & la cupidité; ils ne haïffent le
pouvoir que parce qu’ils ne le pofsèdent pas:
donnez-leur un Royaume, ils feront peut-
être les plus durs defpotes, & ils trouveront
à leur tour fort mauvais les raifonnemens
des philofophes frondeurs.

On a été de nos jours, jufqu’à ofer jeter
des doutes fur les droits des Souverains,
comme fi une poffeffion de plus de douze
fiècles, conquife & méritée par une foule
de grandes actions, confirmée tant de fois
par la nation entière, n’étoit pas un titre qui
dût fe concilier le refpect & la vénération des
hommes! Ces mêmes gens qui crieroient à
l’injuftice fi on leur ôtoit un quart d’arpent
de leurs biens, ofent répandre de l’incertitude fur les principes fondamentaux de la
félicité publique, ils ofent prefcrire des conditions à celui auquel ils ont juré d’obéir,
les fermens, les traités ne font plus comptés
pour rien; dans leur frénéfie, ils paroiffent
les Dom Quichote du genre humain, & n’ont

pour règle de leur conduite, que leurs aveugles paſſions.

Ah ! s'ils aimoient véritablement les hommes, qu'ils tiendroient un langage différent ! ils ne ſe laſſeroient pas de répéter que ſans la juſtice il n'eſt pas de bonheur ſtable, ils auroient pour deviſe *obéir & éclairer*. Reſpectons, nous diroient-ils, ceux qui ſont les dépoſitaires de l'autorité, ſoumettons - nous à leurs ordres pour l'amour du genre humain; tout acte de juſtice eſt une pierre ajoutée à l'édifice de la félicité humaine; *obéiſſons*, & en même-temps répandons les lumières de la raiſon; que les hommes apprennent qu'ils ne peuvent être heureux que par la vertu; que les puiſſans de la terre apprennent à mépriſer les apparences de bonheur, les richeſſes, les honneurs, ces brillantes misères tant enviées des pauvres, & que ceux-ci ſachent que l'homme peut être noble & grand dans tous les états par la vertu & le mépris des biens de l'opinion.

PAGE 16. *Si dix mille, cent mille hommes ont le droit de tenir un homme dans l'eſclavage parce que leur intérêt le demande, pourquoi un homme fort comme un Hercule n'auroit-il pas le droit d'aſſujettir un homme foible à ſa volonté ?*

La conféquence n'eft pas jufte, il y a beaucoup de circonftances où un individu, même
innocent, peut être facrifié à la confervation
du tout, comme dans un naufrage, dans une
famine où tout le monde ne peut pas être
fauvé, ou lorfqu'un vainqueur demande des
ôtages, un tribut; tout en déplorant de pareils facrifices, on n'a jamais douté de leur
juftice. En devenant membres d'une fociété,
nous nous engageons à contribuer à fon bien-
être par la perte même de la vie s'il le faut;
& n'eft-ce pas ce que font tous les jours
ceux qui fe chargent de défendre l'Etat contre
les ennemis extérieurs ? Suivant l'Auteur,
l'état militaire eft donc un crime ! Suivant
lui, il ne fera donc pas permis à un Général
d'envoyer un foldat à un pofte où il eft prefque fûr qu'il périra ! Avec de tels principes,
comment l'Auteur perfuadera-t-il à un payfan
d'aller faire la guerre & d'expofer fa vie pour
des alliés ou même pour une province du
Royaume éloignée de fon village ?

La force n'eft pas le motif qui nous déter-
mine à de pareils facrifices, c'eft la juftice,
c'eft le devoir, c'eft parce que nous aimons
l'ordre, & l'ordre le plus étendu, que plus nous
apercevons de convenances, plus nous fommes heureux; la nature nous a fi bien formés

pour la société, que nous trouvons des jouiſſances ſublimes dans nos ſacrifices mêmes. Si nous pouvions interroger les *Regulus*, les *Codrus*, les *Socrate*, les *d'Aſſàs*, ils nous diroient ſans doute que le moment de leur dévouement étoit le plus beau de leur vie, que l'ame dans ces inſtans éprouve une volupté préférable aux ſenſations réunies de mille ſiècles. Il n'eſt donc pas ſi étranger à la nature humaine, comme l'Auteur paroît le penſer, de ſe ſacrifier pour le bien général lorſque les loix le permettent ou l'ordonnent ; ces ſacrifices ſont juſtes, nobles & divins. Une ſenſibilité profonde, & ſur-tout l'idée de plaire à Dieu, peuvent élever l'homme juſqu'au ſommet de la perfection, au détriment même de ſon corps ; mais jamais *un homme fort comme Hercule n'oſera s'autoriſer de ces nobles motifs pour aſſujettir un homme foible à ſa volonté.* Une telle conduite ſeroit tyrannique & tout-à-fait contraire aux idées d'ordre, de bonté & de juſtice.

PAGE 27. *Le Souverain (en aboliſſant l'eſclavage) ne doit aucun dédommagement au maître des eſclaves, de même qu'il ne doit pas à un voleur qu'un jugement a privé de la poſſeſſion d'une choſe volée.*

Voilà une maxime ſur laquelle je crois inutile de faire des réflexions.

PAGE 43. *Tout nègre qui offriroit ou pour qui on offriroit à son maître la somme fixée par le tarif, seroit libre du moment où l'offre seroit déposée chez un officier public.*

Cela n'est pas juste. J'ai acheté un esclave parce que les loix autorisent les contrats, cet esclave (c'est-à-dire les services qu'il peut rendre) est ma propriété, & on ne peut me l'enlever de force, sans injustice, pas plus qu'on ne peut m'enlever ma maison; d'ailleurs cet esclave peut m'être essentiellement utile, j'ai en lui toute ma confiance; on dira peut-être que s'il m'est bien attaché il ne me quittera pas; mais ne sait-on pas combien l'homme est naturellement inconstant, que souvent il échange des biens certains & solides contre des chimères; qu'il a un penchant naturel à estimer plus ce qui lui manque que ce qu'il possède ? On conçoit donc qu'il seroit aisé de séduire un esclave par l'appas d'une prétendue liberté qu'il desirera bientôt de n'avoir jamais connue, il regrettera la sûreté, le bien-être dont il jouissoit auprès d'un maître doux & humain.

PAGES 48 & 49. *A-t-on vu quelque part le pauvre obtenir justice contre le riche toutes les fois qu'il n'a pas plus à gagner à poursuivre le riche qu'à se laisser corrompre ? A-t-on vu dans* quelqu'état policé, le foible obtenir justice contre le fort?

Quelle désolante idée l'Auteur se forme des hommes! dans quel pays a-t-il vécu? Quoi! depuis qu'il existe il n'a pas vu une seule action juste & généreuse! Eh quoi, les noms des Elie de Beaumont, des Voltaire, des le Cauchois, des Dupaty, des *Beccaria*, ces noms si chers à l'humanité ne sont-ils jamais parvenus à sa connoissance?

PAGE 51. *Est-ce que les Colons possédant des esclaves ne sont pas des pécheurs publics, des hommes souillés d'un crime public qu'ils renouvellent tous les jours?* Mais s'ils sont humains & indulgens avec leurs esclaves, où est donc le crime?

PAGE 69. *Quiconque a réfléchi sur l'histoire de la morale, n'a pu s'empêcher de remarquer que l'honnêteté ne consiste dans chaque nation, qu'à ne pas faire, même étant sûr du secret, ce qui seroit déshonorant s'il étoit connu du Public; qu'une action criminelle par elle-même ne soit pas déshonorante dans l'opinion, on la commet sans remords; cette morale dont on porte la sanction dans le cœur & dont la raison éclairée dicte les maximes, cette véritable morale de la nature n'a jamais été chez aucun peuple que le partage de quelques hommes.*

L'Auteur y a-t-il bien fongé, lorfque dans la même phrafe il affure qu'*il y a des actions criminelles par elles-mêmes, mais qu'on peut les commettre fans remords dès qu'elles ne font pas déshonorantes dans l'opinion ?* L'opinion peut-elle changer la nature des chofes ? les actions feroient donc indifférentes en elles-mêmes, & ne deviendroient bonnes ou mauvaifes que felon leur conformité ou leur non-conformité avec l'opinion ? Il paroît cependant que c'eft-là le fentiment de l'Auteur, puifqu'il ajoute : *cette véritable morale de la nature dont on porte la fanction dans le cœur & dont la raifon éclairée dicte les maximes, n'a jamais été chez aucun peuple que le partage de quelques hommes.*

Ainfi nos actions n'ont plus aucune valeur intrinféque; celles qui font aujourd'hui admirées, feront dans quelque temps comptées parmi les vices, & ce qui eft criminel & méprifé dans un pays, aura des autels dans un autre climat; c'eft la Géographie qui règlera dorénavant l'empire des vices & des vertus; les fentimens du cœur, la raifon, les maximes des fages, fouvent fignées de leur fang, les fuffrages unanimes de tous les peuples, leur admiration conftante pour la vertu & la beauté morale, tout difparoît devant la fentence imposante d'un sage qui assure que *nos actions n'ont de prix que celui qu'elles reçoivent de l'opinion.*

Quoi ! la morale n'auroit pour base que cet être fantasque, inconstant, fugitif & presque impossible à saisir ! Comment en effet s'assurer de l'opinion ? Dans la multiplicité d'intérêts, de corps, d'associations, de familles qui composent un grand Royaume, comment démêler celle qui doit nous servir de règle ? comment compter les suffrages ? peu d'hommes sont placés assez haut pour porter un jugement sur un grand tout, la plupart ne connoissent que l'opinion de leurs cotteries & de leur famille. Mais si dans ces petits cercles, même dans une ville ou dans une Province entière, les mœurs étoient tellement dépravées, que le libertinage, l'adultère, les intrigues, les fourberies adroites, les richesses acquises par des crimes, l'oppression puissante, &c., &c., &c., fussent non-seulement tolérés, mais applaudis ; si la chasteté, une probité scrupuleuse excitent la risée ; si la candeur, la bonté sont traitées de simplicité, de bêtise ; si la pauvreté vertueuse est méprisée ; si le sage qui dédaigne les faveurs de la fortune, qui met sa gloire à soumettre ses désirs à l'empire de la raison, qui trouve une vo-

lupté

lupté délicieuse dans les sacrifices qu'il fait à la vertu, qui a pour base de sa félicité la confiance en l'Etre suprême & l'espoir sublime d'un avenir heureux; si un tel homme est traité de fou ou d'imbécille, non-seulement par la foule ignorante, mais par de prétendus philosophes, alors je prie l'Auteur de me répondre : Commettrai-je sans remords tous ces crimes par la raison qu'ils ne sont pas déshonorés dans l'opinion ! Si cela est, venez, vous tous, hommes livrés aux sens, adultères impudiques, ambitieux, envieux, fourbes, menteurs, oppresseurs du peuple, enrichis de ses dépouilles, scélérats échappés à la punition des loix, venez, animaux malfaisans, sortez de vos cloaques dorés, venez vous prosterner aux pieds d'un sage votre bienfaiteur, qui vous délivre de vos craintes, de vos remords; ne redoutez plus les morsures, les vaines terreurs d'une conscience, ouvrage chimérique de l'éducation & de l'habitude, vous n'avez plus à craindre que les croix & les potences, apprenez que les remords ne tourmentent que les esprits foibles & pusillanimes.

Ceux qui adoptent de tels principes ne sont-ils pas saisis d'horreur en se représentant leur suite affreuse ? Comment des hommes

dont la vie d'ailleurs eſt irréprochable, oſent-
ils publier des maximes qui ſappent par les fon-
demens la ſociété, qui transforment les hommes en autant de tigres, qui enhardiſſent les méchans & portent le découragement dans l'ame
des bons? C'eſt le froid matérialiſme qui eſt l'o-
rigine de tant de funeſtes opinions; dès que
l'homme eſt tout matière, dès qu'on n'adore
plus une ſouveraine intelligence, il ne peut plus
y avoir rien de fixe, rien de ſtable, la loi naturelle n'exiſte plus; comment concevoir une loi
ſans Légiſlateur? la morale eſt détruite. Gou-
verné par la matière, je ne chercherai qu'à me
procurer des ſenſations agréables & à éloigner
la douleur, je n'admirerai plus l'univers, je ne
m'efforcerai plus à deviner les reſſorts com-
pliqués d'une combinaiſon fortuite, & qu'une
nouvelle chance peut détruire demain les
mondes innombrables qui me paroiſſoient ſuſ-
pendus avec tant d'ordre dans l'infini de l'eſ-
pace, ne préſentent plus à mes yeux qu'un
chaos dans lequel j'aperçois par haſard quelques mouvemens réguliers; l'homme même,
cet être étonnant, n'eſt plus qu'un amas de
chair & de ſang qui dans une heure pourrira
avec les plus vils des animaux; les hommes
ne me ſont plus rien, je ne m'en occupe
qu'autant qu'ils peuvent ſervir à mes plaiſirs,

je ne vois plus que *moi*, l'intérêt perfonnel devient le feul mobile de mes actions, & l'opinion de ceux dont j'ai befoin eft l'unique bouffole de ma conduite.

Mais il n'eft pas vrai que l'homme foit tout corps, la morale n'eft point abandonnée aux incertitudes & aux vacillations des opinions humaines ; il n'eft pas vrai que l'intérêt perfonnel foit le feul mobile de nos déterminations.

Ceux qui foutiennent que le corps & l'ame ne font qu'une feule & même chofe, ne fauroient nier qu'ils ne foient du moins bien différens quant à leurs effets.

Le corps n'eft occupé que de lui, tous fes mouvemens ne tendent qu'à fon bien-être individuel, il femble que le defir de la confer-vation circule dans chacune de fes veines avec les principes de la vie, il cherche fans ceffe à entraîner dans les tourbillons de fes befoins, tout ce qui l'approche. L'ame au contraire n'eft heureufe que du bonheur des autres, elle fe complaît dans le fpectacle de l'harmonie, de l'ordre focial, elle eft montée au diapazon de la vertu, l'égoïfme l'attrifte, la contrarie, fa nature eft de s'étendre, d'aimer & de con-noître ; quoiqu'intimement liée avec le corps, elle lui impofe fouvent des loix févères &

jouit du bonheur suprême, tandis que le corps est exposé aux plus dures souffrances.

Si l'homme étoit *tout corps*, conçoit-on qu'il pourroit s'ordonner à lui-même d'être misérable ? voudroit-il risquer sa vie pour secourir ses semblables ? s'imposeroit-il les plus grandes privations pour acquérir des connoissances ? s'exposeroit-il à la fureur des élémens, des bêtes féroces, & à la méchanceté des hommes dans des pays inconnus ?

Je le demande, le plaisir qu'on éprouve en soulageant les malheureux, en découvrant une vérité, où réside-t-il ? dans quelle partie de la chair & des os se conçoit-il ? pourquoi les animaux, dont l'organisation est souvent plus parfaite que celle de notre corps, ne l'éprouvent-ils pas ? Il est si peu produit par le corps, que c'est de lui que viennent tous les obstacles qui nous retardent dans la recherche de la vérité, dans nos progrès vers la perfection. Qu'y a-t-il de commun entre les sentimens sublimes de la compassion, de l'admiration, avec l'odeur d'une fleur, le goût d'un fruit & le toucher le plus délicat ? qu'y a-t-il de commun entre l'ame d'un Newton, d'un Socrate, avec ce ventre puant & infect ? Ceux qui ont cru que l'ame étoit du feu, l'ont sans doute jugée ainsi après l'avoir considérée dans fes effets ; de même que cet élément, elle eft toute expanfive : le corps rapporte tout à lui, il éprouve des befoins preffans, fans ceffe renaiffans , & même dans fes be-foins expanfifs, il n'eft occupé que de fa fa-tisfaction individuelle.

Ainfi les hommes fenfuels, foit qu'ils éprou-vent la douleur ou le plaifir, oublient tout pour ne fe livrer qu'à leurs fenfations ; celui au contraire dont l'ame eft formée par la fa-geffe, fera prêt à tout facrifier, à fouffrir même les plus vives douleurs lorfque le de-voir commandera.

Helvetius s'eft trompé en donnant l'intérêt perfonnel pour le mobile général des actions humaines : il n'eft pas permis, même à un philofophe, de changer la fignification des mots, il en réfulte fouvent un bouleverfe-ment d'idées funefte à la fociété. Tout le monde entend par une *action intéreffée*, celle qui n'a en vue que notre fatisfaction propre fans fonger à l'intérêt de qui que ce foit ; mais une action infpirée par la raifon, dirigée au bien général, même au détriment de notre bien-être phyfique, ne doit point être con-fondue avec la petiteffe de l'intérêt perfonnel, c'eft une action belle, grande, généreufe; nous la faifons fans doute par plaifir, mais ce mot n'eft point fynonime d'intérêt, encore moins lorfqu'il eft queftion des plaifirs de l'ame.

C'étoit une fuite toute naturelle du fyftème d'égoïfme, de ne prendre pour règle de fes actions, que l'opinion de ceux avec qui on vivoitpour le moment, & de foumettre la vertu aux calculs de l'intérêt. La confcience n'étant plus qu'une habitude, & variant avec les opinions, une ame forte pouvoit fe mettre au-deffus de fes cris importuns, & la morale n'étoit plus qu'une fcience conjecturale; fyftème faux, anti-focial, deftructeur de tout ce que les hommes ont de plus intéreffant, de la vertu, la feule chofe qui nous confole de vivre; fyftème qui entraîne à fa fuite une effrayante incertitude, qui ne fait de la probité qu'une adreffe d'échapper à la rigueur des loix; fyftème enfin qui ifole les hommes, deffeche dans leurs cœurs les doux fentimens de bienveillance & les réduit au rang des brutes.

Mais fi les loix de la juftice font fondées fur les befoins, fur la nature de l'homme, fur les inftincts de fon ame (*a*), fur les fenti-

***

(*a*) On ne veut pas que l'homme ait des idées innées, tandis qu'on s'accorde à en reconnoître chez tous les ani-

mens de la pitié, de l'amour, & fur les principes fondamentaux de toutes les connoiffances humaines, elles ont donc ainfi que la
confcience, une bafe folide, inébranlable.
La morale peut être démontrée comme une
vérité mathématique (a), par le raifonne-

---

maux. La nature auroit-elle abandonné la plus admirable
de fes productions au vague de l'incertitude? Dieu fe feroit-
il fait un barbare plaifir de nous tourmenter? Ah! ne blaf-
phêmons pas, étudions notre nature, nous verrons qu'elle
eft pourvue de tout ce qui lui étoit néceffaire pour rem-
plir fa deftinée. Nous poffédons un inftinct d'amour qui
nous attache à nos femblables & nous fait chérir leur
bonheur. Les premiers principes de nos connoiffances font
innés, comme la faculté de marcher & de parler. Nous
ferions moins fouvent expofés à nous méprendre fur ces
vérités, fi nous confultions plus notre ame que les livres.

(a) On nous dit que les vérités mathématiques peuvent
être rigoureufement démontrées, tandis que les vérités
morales paffent pour des demi-certitudes, des probabilités.
On dit, cela eft mathématiquement fûr, pour dénoter une
certitude parfaite; cela eft moralement fûr, pour dire
qu'une chofe eft tout au plus probable, & qu'elle auroit
grand befoin de preuves. D'où vient cette différence?
Toutes les démonftrations mathématiques repofent fur le
principe d'identité par lequel nous concevons deux unités
comme diftinctes & féparées, tout le refte n'eft qu'un en-
chaînement d'abftractions & d'hypothèfes, & à chaque inter-
ruption, fi l'efprit a la moindre diftraction, il faut pour
s'orienter fans ceffe, revenir au premier principe, à moins

ment, l'expérience, & par le sentiment : mais parce que des calculateurs se trompent, que

qu'on n'aime mieux se reposer sur des autorités, sur des propositions qu'on veut bien croire comme vraies sur la parole de ceux en qui nous avons confiance. Dans la démonstration de la morale, le sentiment n'est jamais séparé du raisonnement ; chacune de ses vérités isolées a pour nous le même charme, la même force qu'un principe fondamental, il sembleroit qu'elles sont toutes disposées & arrangées dans notre ame, de manière qu'il suffise de les nommer pour en avoir le sentiment distinct. Cela ne doit point nous étonner, puisque les moindres de ses sentences, maximes & préceptes sont liées intimement avec nos intérêts les plus chers, avec le bonheur & le malheur de la vie. Quelle est la vérité mathématique qui nous frappe d'une lumière aussi éclatante, qui nous affecte, nous enflame aussi subitement que le font les préceptes de la vertu, le récit d'une action généreuse & héroïque ?

Tous les livres de mathématiques feront-ils jamais tant de plaisir que l'Odyssée, l'Énéide, le livre des Devoirs de Cicéron, les Épîtres de Sénéque, les Œuvres de Plutarque, Télemaque, les Ouvrages immortels de Richardson, la nouvelle Héloïse ? c'est que la morale est la science de l'homme par excellence, tandis que les mathématiques ne font celle que d'un petit nombre ; la morale est la science du bonheur, tandis que l'autre n'est le plus souvent que le ministre des cupidités & des injustices. Otez l'argent & le commerce, que deviendront la plupart de nos calculs : certes on pratiquoit la vertu à Sparte, & il y avoit fort peu de Géomètres ; nous avons vu des peuples entiers jouir d'une vie paisible & heureuse sans connoître aucune

très-peu s'élèvent jusqu'aux calculs qui ont illuftré les Euler, les Newton, ofera-t-on conclure delà qu'il n'y a point de certitude dans les mathématiques, que c'eft une fcience arbitraire, conjecturale? Parce qu'il y a des méchans, des ingrats, douterons-nous que la bonté, la reconnoiffance foient des vertus chères à l'humanité? Le vice ne fauroit rendre la vertu fufpecte, il la prouve au contraire par les maux innombrables dont il eft la fource; je ne connois pas de plus grand argument pour la vertu que la vie des méchans. La vertu eft le moyen le plus sûr que la nature nous ait indiqué pour notre confervation, on pourroit l'appeler un befoin focial ; & comme la nature a attaché des fenfations agréables à tous nos befoins, elle nous a donné la fenfibilité pour nous attacher à la vertu par le plaifir. L'ame eft auffi choquée d'une injuftice que l'eft l'efprit d'un faux calcul & notre oreille d'une diffonance en mu-

---

de nos fciences académiques, tandis que ces mêmes fciences ont fleuri au fuprême degré chez des nations célèbres par la dépravation des mœurs. C'eft donc aux vérités morales qu'appartient le premier rang en mérite, en refpect & en certitude ; elles font auffi évidentes que l'eft pour nous le fentiment de notre exiftence, de nos defirs & de nos volontés.

fique ; elle aime l'ordre, la symmétrie , elle doit l'aimer fur-tout dans ce qui l'intéreffe le plus , dans la vie fociale.

Si la morale n'étoit fondée que fur l'opinion, fur la convention arbitraire des affociés & fur la crainte d'encourir leur haine, il eft clair que dans ce cas la vertu ne feroit que l'art de cacher fes crimes & d'éviter la punition des loix ; les méchans feroient les plus courageux, les plus hardis, les plus adroits, & non les plus méprifables, & l'on auroit l'air de n'être honnête que par foibleffe, par manque de génie, d'audace & de force. Se cacher, craindre, fe méfier de tout le monde, n'être en fûreté nulle part, ne feroient des maux affreux que pour des efprits étroits & pufillanimes ; la vertu & le vice pourroient être calculés fur la force & la foibleffe des mufcles, fur la fenfibilité des nerfs., & le feul tort qu'on auroit, ce feroit d'être foible ; ainfi la fociété, au lieu d'être un afyle de paix, ne feroit qu'un repaire de bêtes féroces entaffées les unes fur les autres pour fe déchirer plus facilement.

La crainte des châtimens feule ne fuffit pas pour contenir les hommes dans les bornes de la modération. Voyez avec quelle légèreté ils s'élancent au milieu des plus grands dangers pour satisfaire leurs paffions; la préfence de la douleur & de la mort, irrite & exalte encore le courage des plus intrépides; qui pourroit contenir leur rage? qui feroit à l'abri de leurs infultes s'il n'exiftoit d'autre frein que la crainte?

Voyez-les, ces hommes doués d'une force extraordinaire, ils font plus généreux que les autres; rappelez-vous la vie des Théfée, des Bacchus, des Hercule, ils ont confacré leurs forces au bonheur des hommes, ont purgé la terre de monftres, ont bâti des cités, fait des découvertes utiles, ont donné à leurs fociétés naiffantes des loix falutaires & allumé le flambeau facré des arts & des fciences. Si la vertu n'avoit d'autre bafe que l'intérêt ou la crainte, verrions-nous ceux qui font revêtus du pouvoir, qui par leurs qualités brillantes règnent fur les opinions, immoler des defirs qui les follicitent puiffamment, à un fantôme, à un vain fimulacre de vertu? Cyrus, Scipion, l'intrépide Bayard, auroient-ils refpecté la pudeur de leurs belles prifonnières? Et qu'on ne dife pas qu'ils ont agi par intérêt pour fe concilier l'eftime des peuples; quand ils auroient ufé du droit que les vainqueurs ont exercé de tout temps fur les vaincus, euffent-ils été moins grands aux yeux de leurs concitoyens?

qui eût osé blâmer qu'un héros sortant vic-
torieux du combat, se fût laissé entraîner aux
desirs que lui inspiroient les attraits d'une belle
esclave ? Quel étoit le motif de la conduite res-
pectueuse d'Alexandre envers la famille de Da-
rius ? D'où vient que Phocion & Socrate, en
mourant, prièrent pour leurs ennemis & leur
pardonnèrent généreusement ? d'où vient que
Titus pleuroit quand il avoit laissé passer un
jour sans faire du bien ? pourquoi Confu-
cius a-t-il préféré une pauvreté vertueuse au
faste d'une Cour livrée à la mollesse & à la
volupté ? pourquoi le grand Henri aima-t-il
mieux renoncer à la Couronne de France que
de l'obtenir en réduisant ses sujets à la dure
nécessité de périr par la famine ? qui a inspiré le
généreux d'Assas, le prince Léopold & tant
d'autres qui tous les jours exposent leur fortune
& leur vie pour sauver des malheureux ? C'est
que la vertu commande à nos ames, que nous
en avons tous le germe, que l'esprit humain
cherche à s'aggrandir ; c'est qu'il éprouve un
charme inexprimable dans la contemplation
de l'ordre & de la perfection ; c'est qu'il sent
bien que ces nobles plaisirs, que le souvenir
d'une belle action sont plus purs, plus dura-
bles & plus délicieux que tous les chatouil-
lemens du corps ; que ce sont eux qu'on

deyroit appeler par préférence plaisirs humains.

Si la vertu n'étoit qu'un préjugé, qu'une opinion, pourquoi éprouverions-nous un plaisir doux d'une bonne action faite sans témoins ? d'où viendroient ces treffaillemens de joie & d'admiration au récit d'une action héroïque ? D'où vient que nous nous empreffons de secourir ceux mêmes qui vont nous quitter pour toujours, de la reconnoiffance desquels nous n'avons rien à attendre ? pourquoi l'homme vertueux a-t-il un air serein, tranquille, heureux, tandis que le méchant est sombre, inquiet & agité ? pourquoi ce mot de vertu excite-t-il le respect & la vénération ? par quel miracle les plus corrompus lui rendent-ils des hommages involontaires ? C'est que nous sommes nés pour aimer ; tout dans la nature est enchaîné par des secours donnés & reçus : l'homme n'est point exempt de cette loi générale, il est naturellement généreux, la générofité est un besoin de l'ame fondé sur la manière vive dont nous nous repréfentons les maux des autres, sur notre amour pour l'ordre, sur une abondance de biens qui nous pese & nous preffe de la communiquer à d'autres. Dans les pays les moins civilifés, les habitans exercent l'hofpitalité, la bienfai-

fance; par-tout la claffe la plus pauvre &
la moins inftruite, eft auffi la plus généreufe,
& celle qui exerce la charité la plus active
& la plus défintéreffée. L'afpect d'un homme
eft à l'homme le plus doux des fpectacles,
la nature a jugé qu'il feroit plus fûr de nous
unir par l'amour que par la crainte; il exifte
entre les individus d'une même efpèce, un
lien d'amitié & de fraternité qui en fait, pour
ainfi dire, une même famille; nous fommes
liés par nos befoins, par des facultés femblables, par le don de la parole & de la
penfée, par la néceffité d'unir nos forces pour
nous défendre contre les élémens, les bêtes
féroces & nos propres paffions, par le defir
de connoître & de nous perfectionner,
par les fentimens de la pitié, de la bienveillance, par la volupté qu'éprouve l'ame de
l'idée d'un tout immenfe compofé d'une mul-
titude infinie de parties qui tendent toutes à
fa perfection (a).

(a) Notre efprit eft formé pour aimer l'ordre & l'harmonie; tout le prouve. Les hommes ne touchent à rien
fans y laiffer l'empreinte de l'ordre; nos idées d'ordre ne
font peut-être autre chofe qu'une manière de mettre les
objets extérieurs à notre portée, & de les proportionner
à la foibleffe de nos organes. Pourquoi exigeons-nous de
la fymmétrie dans un bâtiment ? C'eft pour en mieux faifir

En appliquant enfuite cette idée de la perfection d'un tout immenfe à l'efpèce humaine,
il en réfulte l'image d'une fociété bien ordon-
née & heureufe; alors l'ame fe réjouit d'un
fi grand nombre de *bien-êtres*, la fenfibilité
s'étend fur toute l'efpèce, & chaque fois que
nous pouvons concevoir un accroiffement à
cette perfection, notre bonheur augmente
d'autant, & nous éprouvons une joie toute
célefte. C'eft dans ce fens que le fublime Pope
fait confifter le plus haut degré de bonheur
dans le plus haut degré de charité.

Si la bonté, la juftice, la générofité font
fondées fur la nature même de l'homme, elles
ne font donc pas des conventions. Il exifte
une loi naturelle, qui eft la volonté immé-
diate de la divinité; la morale a donc une
bafe inébranlable, & elle eft, ainfi que la confcience, indépendante des opinions humaines.
C'eft cette confcience qui nous fert de flambeau, qui nous éclaire dans tous les momens

---

l'enfemble. Pourquoi exige-t-on un rythme régulier dans
la poéfie & dans la mufique? C'eft pour en mieux dif-
tinguer les différentes parties. On peut donc affurer que
l'ordre eft un de nos premiers befoins, il eft inhérent à
tous les individus de la race humaine; c'eft *l'inftinct
fpirituel*, il eft indifpenfable au maintien de la fociété
& de l'Univers.

de la vie, qui approuve, défapprouve, nous donne des regrets, des remords, lorfqu'entraînés par les paffions, nos actions font contraires à nos principes ; c'eft elle qui nous procure une joie délicieufe, lorfqu'une parfaite harmonie règne entre elle & nos actions, qui nous donne cette paix, cette tranquillité, tant recommandée par les fages : alors la vertu devient une néceffité, un goût invincible, on l'aime, comme le poéte, le muficien & le peintre aiment de beaux vers, une parfaite harmonie, un beau tableau.

Ceux qui croient l'ame mortelle, qui fe perfuadent que l'homme agit toujours par intérêt, ne doivent trouver en lui rien de beau ni d'aimable ; les actions humaines ne nous enchantent qu'autant que nous y découvrons des traces d'amour ; & celui qui uniquement conduit par l'intérêt perfonnel, fait une action grande & utile, ne doit pas exciter en nous plus d'admiration qu'un champ, une vigne fertile, ou une belle maifon ; tout eft morne, trifte & fombre, avec l'intérêt perfonnel ; avec la vertu, tout vit, tout brille d'une clarté immortelle : l'idée de plaire à l'Etre fuprême, l'efpoir enchanteur de l'immortalité donnent à la vertu une fplendeur nouvelle & des forces furnaturelles en nous faifant entrevoir une continuité de jouiffances dans une perfpective fans bornes.

Voilà, felon moi, les véritables principes de la morale & de notre félicité, & au lieu de dire qu'*on peut commettre fans remords toute action criminelle qui n'eft pas déshonorante dans l'opinion*, je dirai : J'ENTREPRENDS AVEC JOIE TOUTE ACTION VERTUEUSE, DUT-ELLE M'ATTIRER LE MÉPRIS DES HOMMES, LA PERTE DE MA FORTUNE ET MÊME DE MA VIE.

Une telle morale n'a pas befoin de témoins, elle ne veut pas être étayée par des motifs de vanité (*a*); quelle que puiffe être la va-

---

(*a*) Ceux qui ont fondé des prix de vertus devoient avoir des idées bien baffes de la nature humaine, pour avoir cru qu'il falloit aux hommes des motifs d'argent & de vanité pour être humains. Ceux qui s'illuftrent par des actions magnanimes font entraînés par un enthoufiafme de fenfibilité qui l'emporte fur tous les raifonnemens de la prudence & de l'intérêt ; du moment qu'on calcule, il n'y a plus d'enthoufiafme, on combine froidement les dangers & les profits, & comme rien dans le monde ne peut dédommager de la vie, on verra bientôt qu'il ne peut fe trouver aucune fituation où l'on puiffe l'expofer fans folie. Comment ces philofophes ne voyent-ils pas qu'en mêlant l'intérêt & la vanité avec tant de pompe parmi les motifs de la charité, ces faux encouragemens détruiront dans l'ame du peuple, le feul germe des belles actions, la fenfibilité & le défintéreffement. Si de pareils

D

riation des opinions, elle sera toujours la
même, inébranlable & éternelle, comme
Dieu dont elle est émanée.

---

prix étoient nécessaires, ils ne se feroient jamais que pour
ces philosophes & leurs disciples.

F I N.